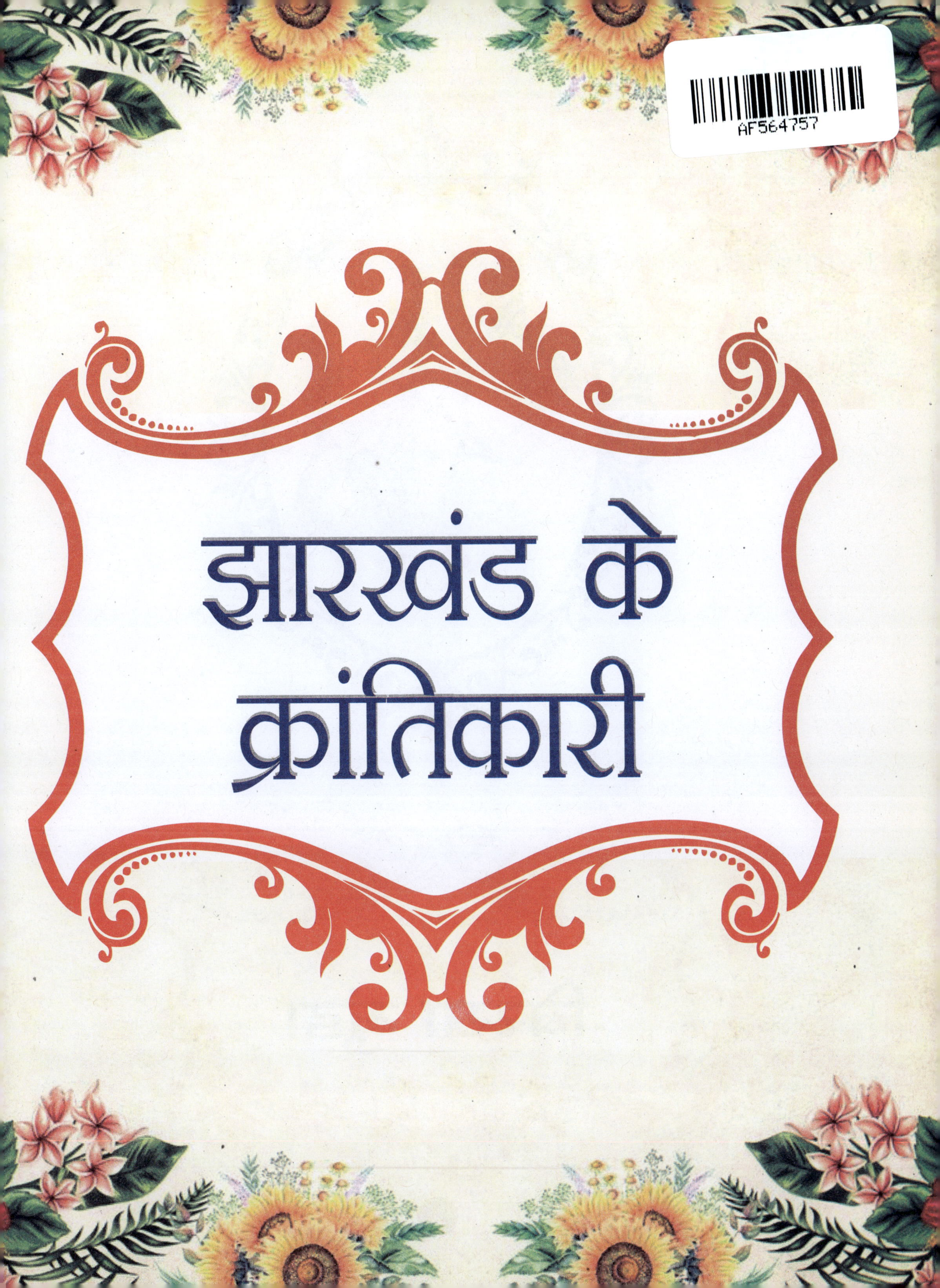
झारखंड के
क्रांतिकारी

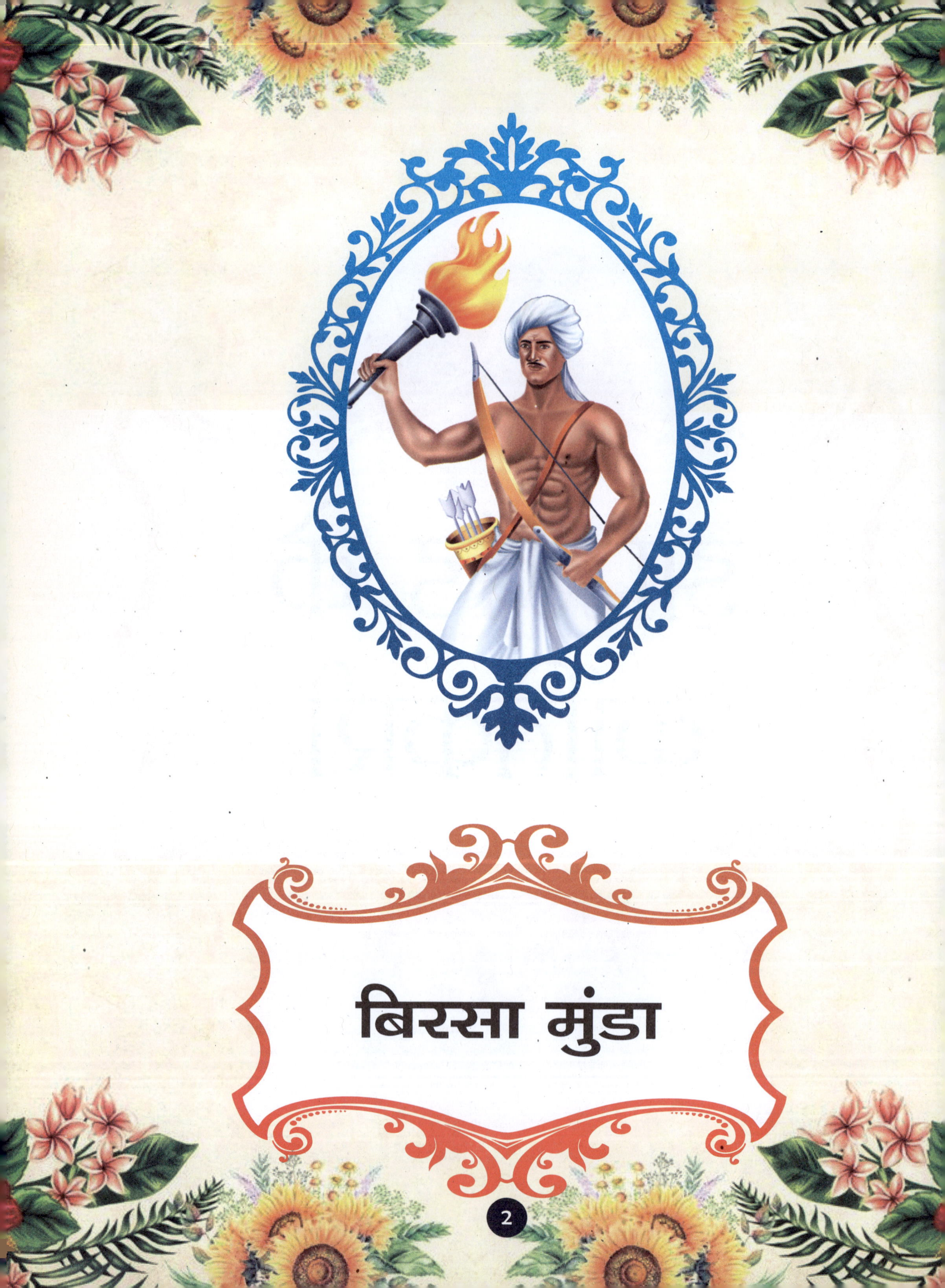

बिरसा मुंडा

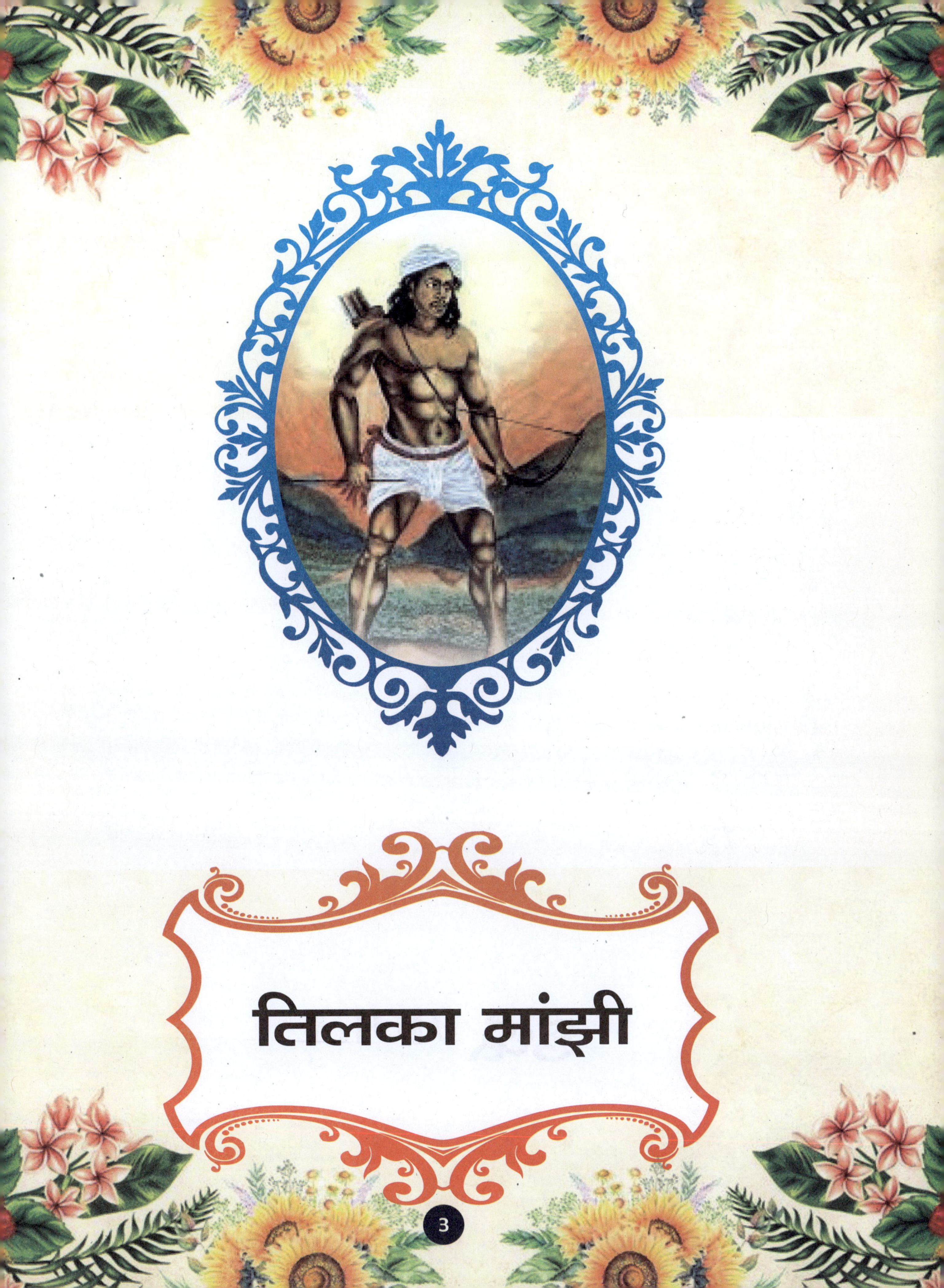

तिलका मांझी

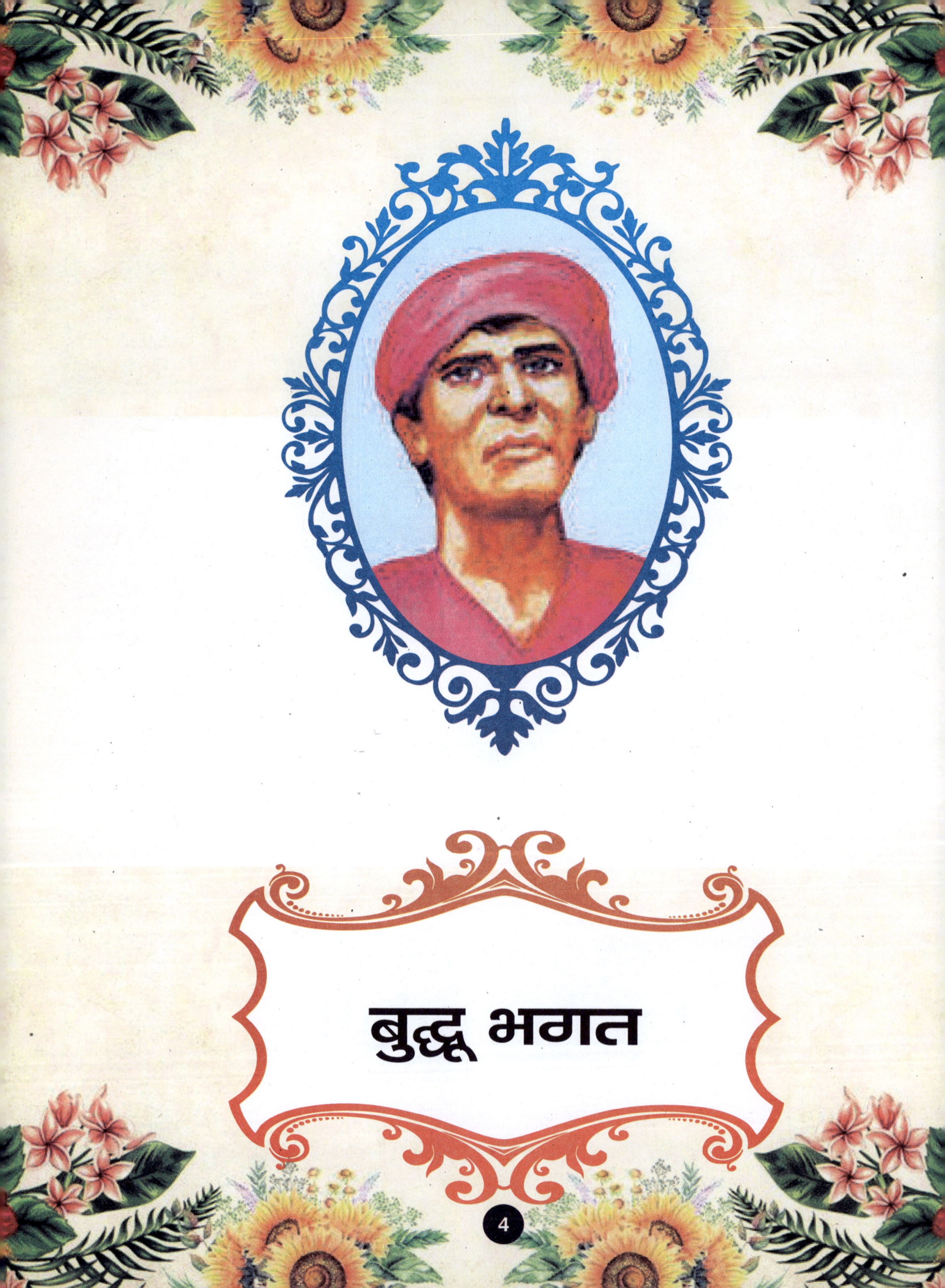

बुद्धू भगत

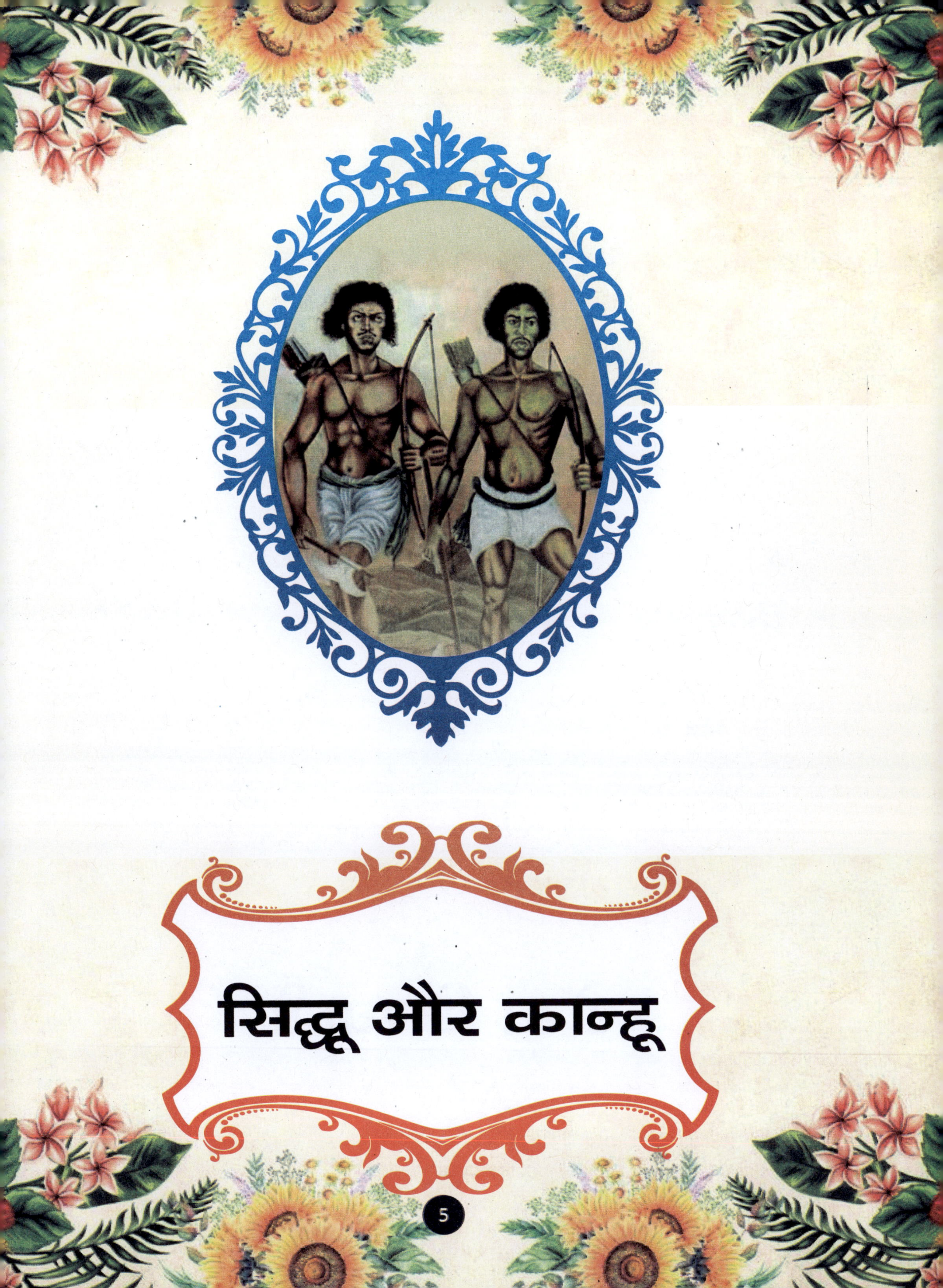

सिद्धू और कान्हू

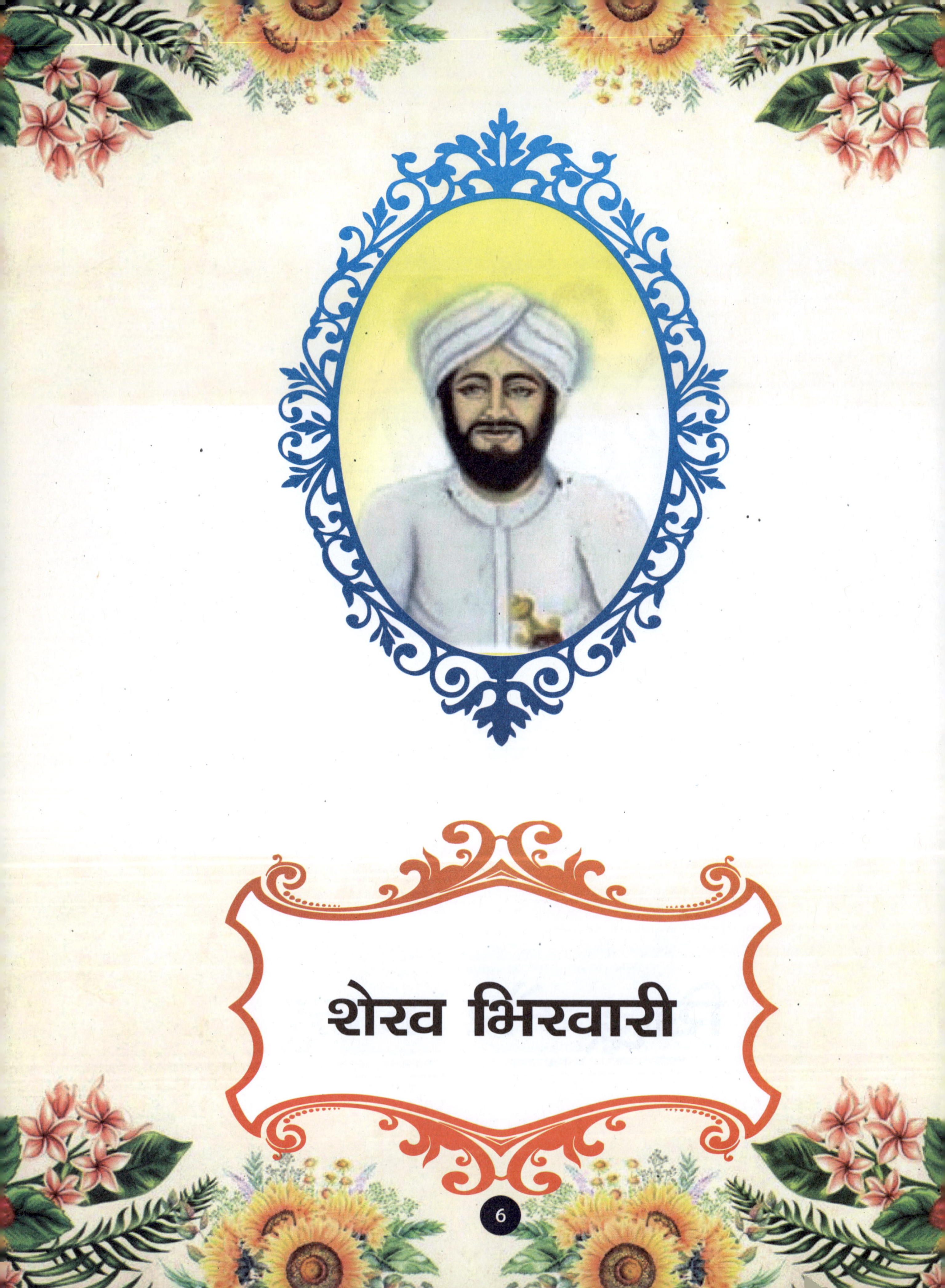

शेख भिखारी

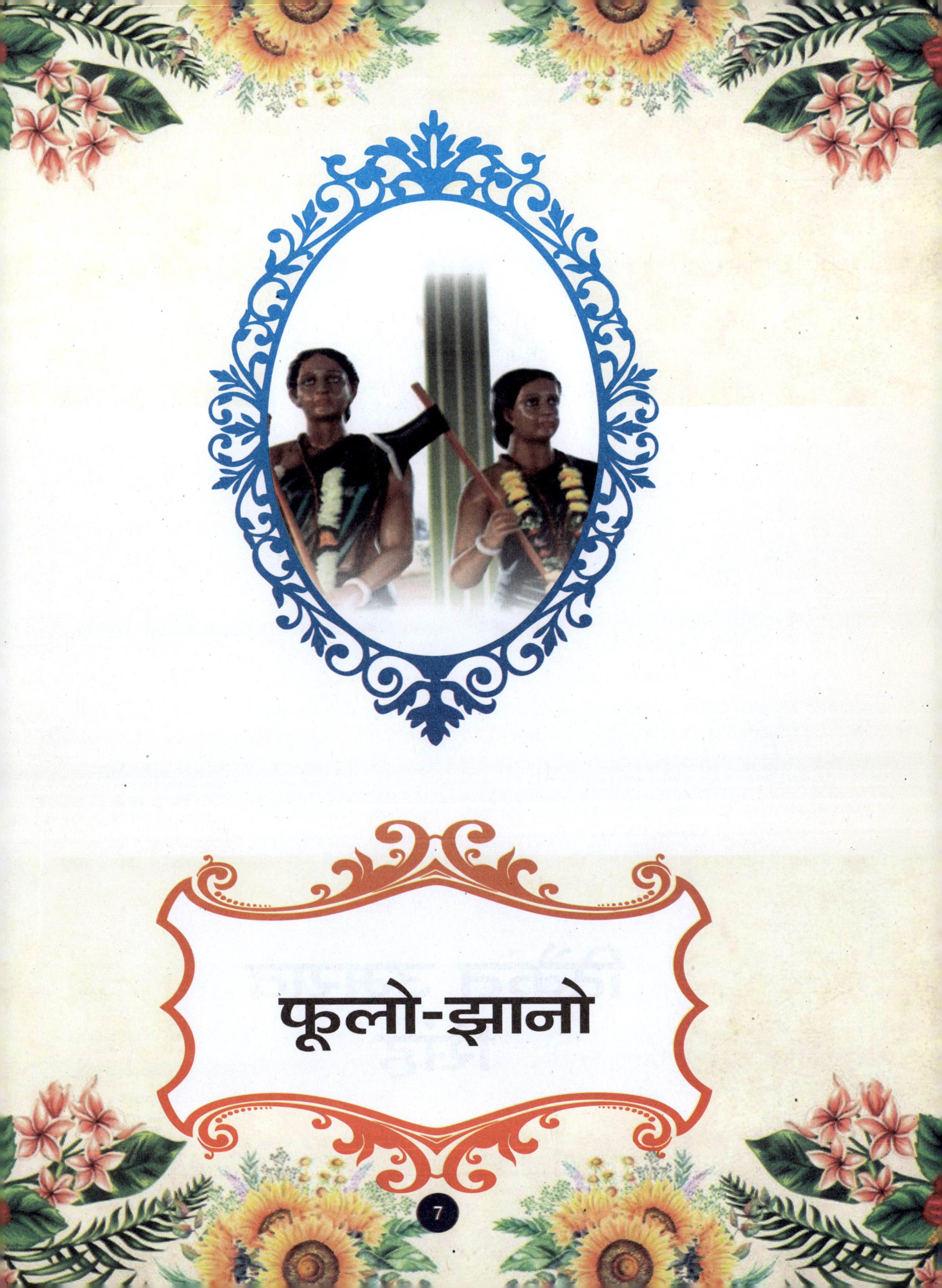

फूलो-झानो

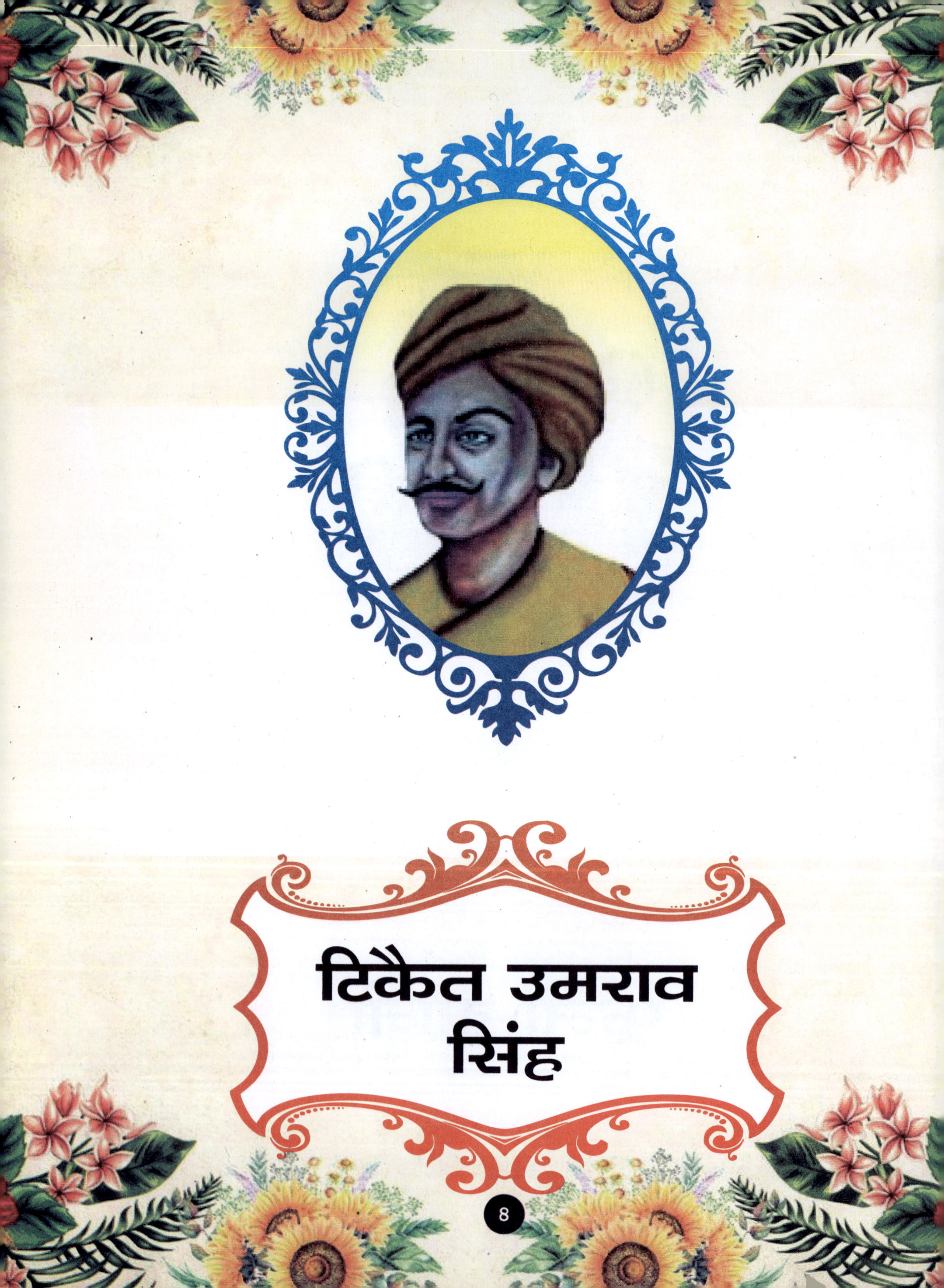

टिकैत उमराव सिंह

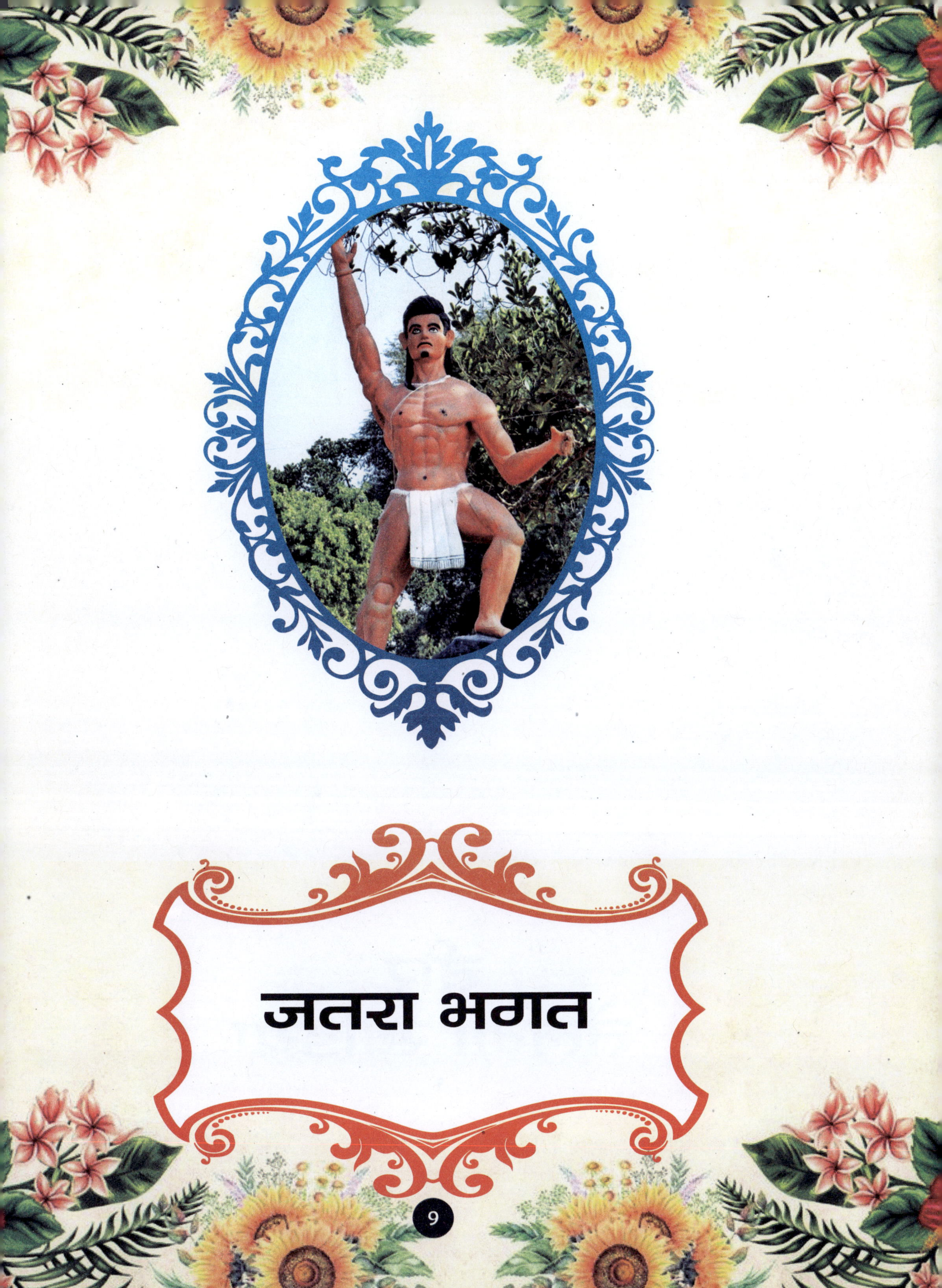

जतरा भगत

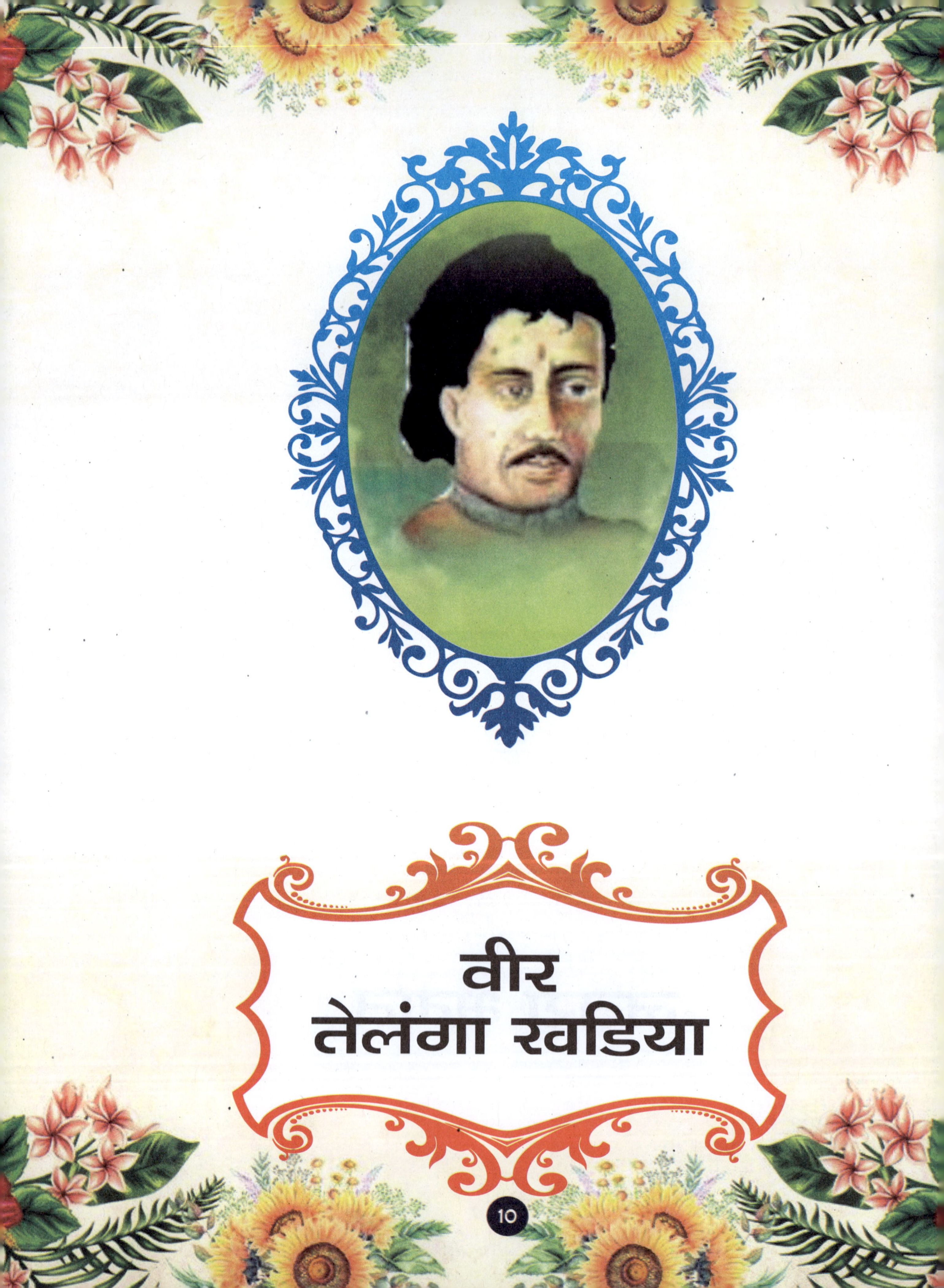

वीर तेलंगा खड़िया

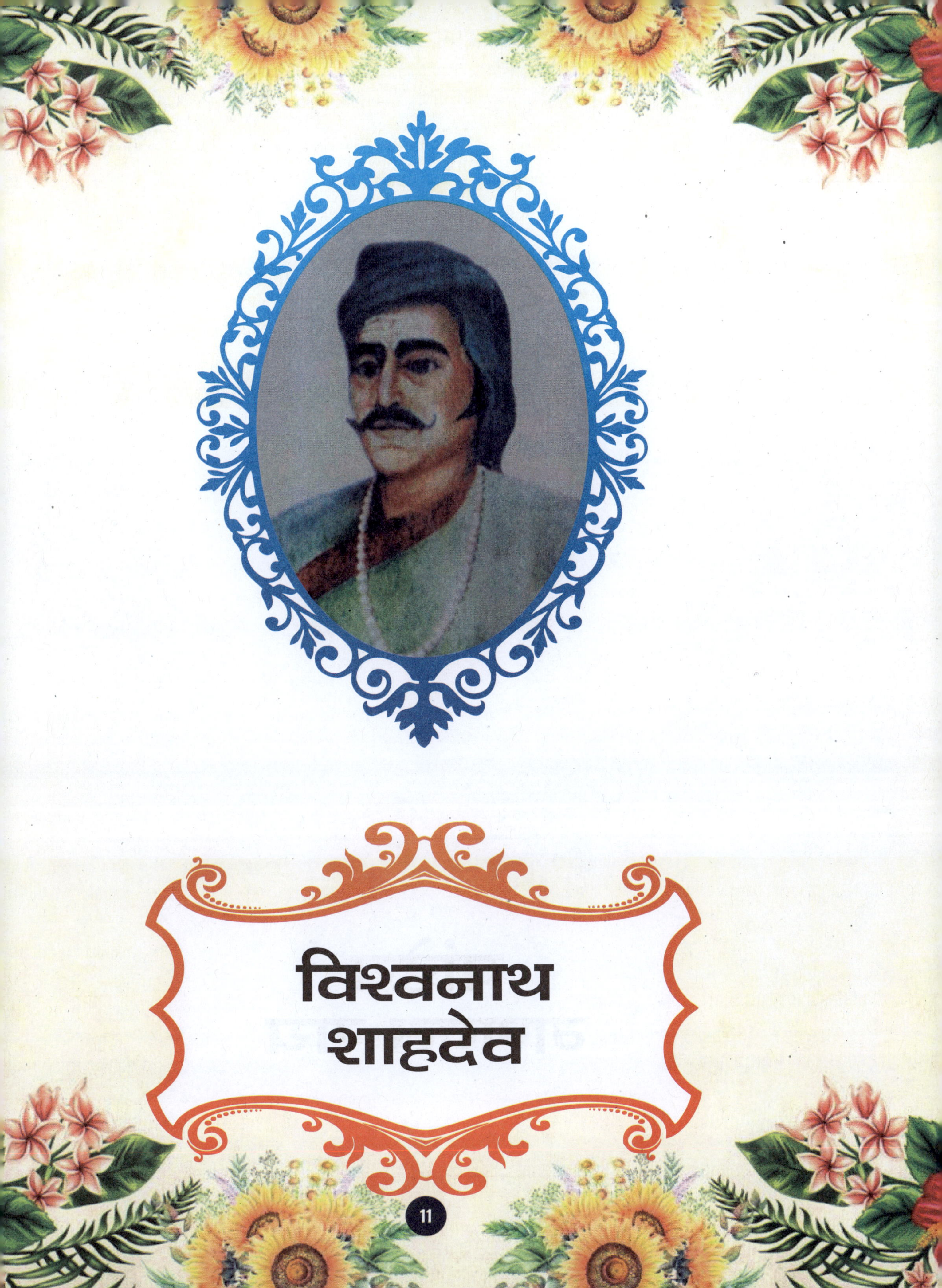

विश्वनाथ शाहदेव

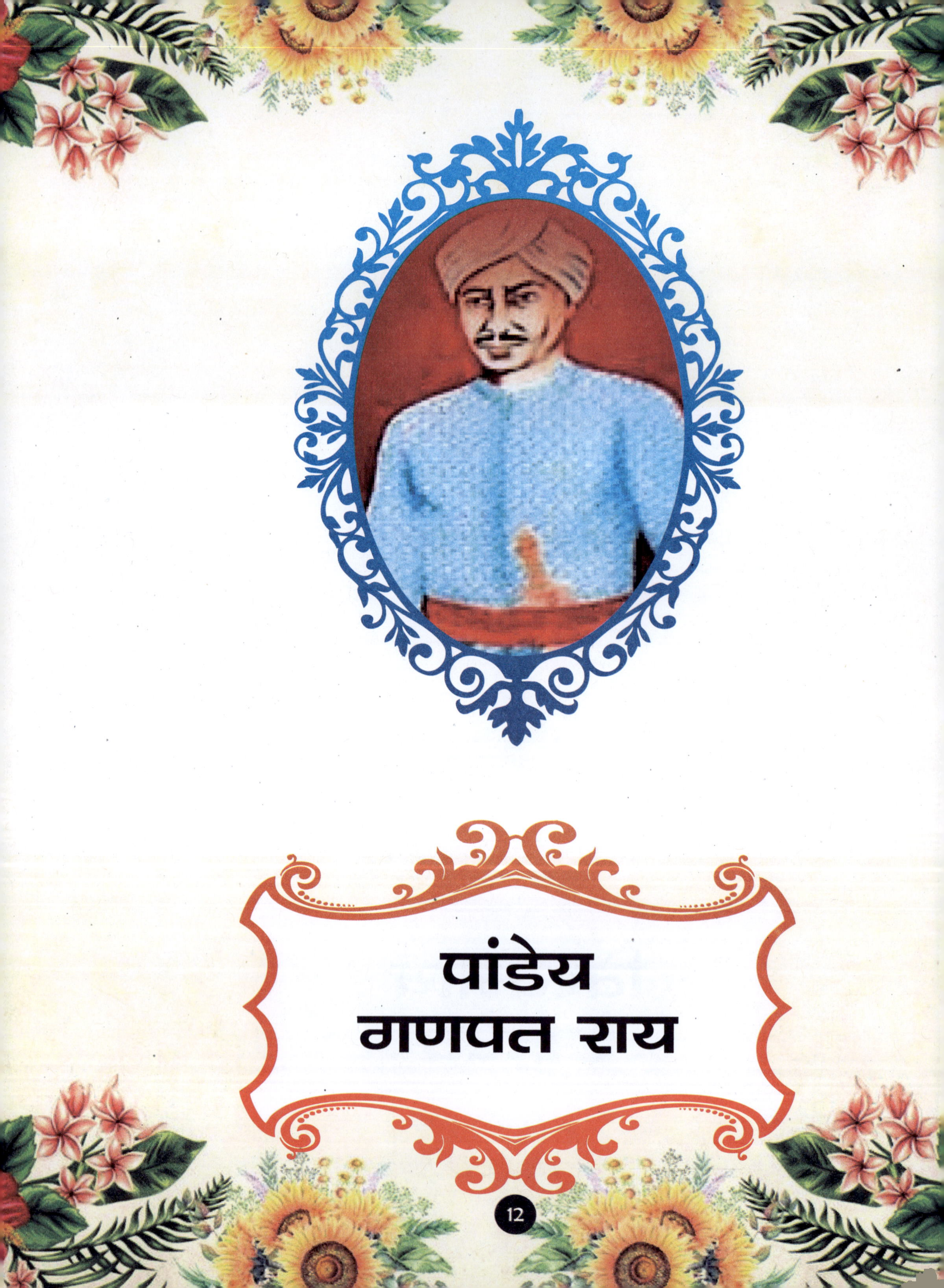

पांडेय गणपत राय

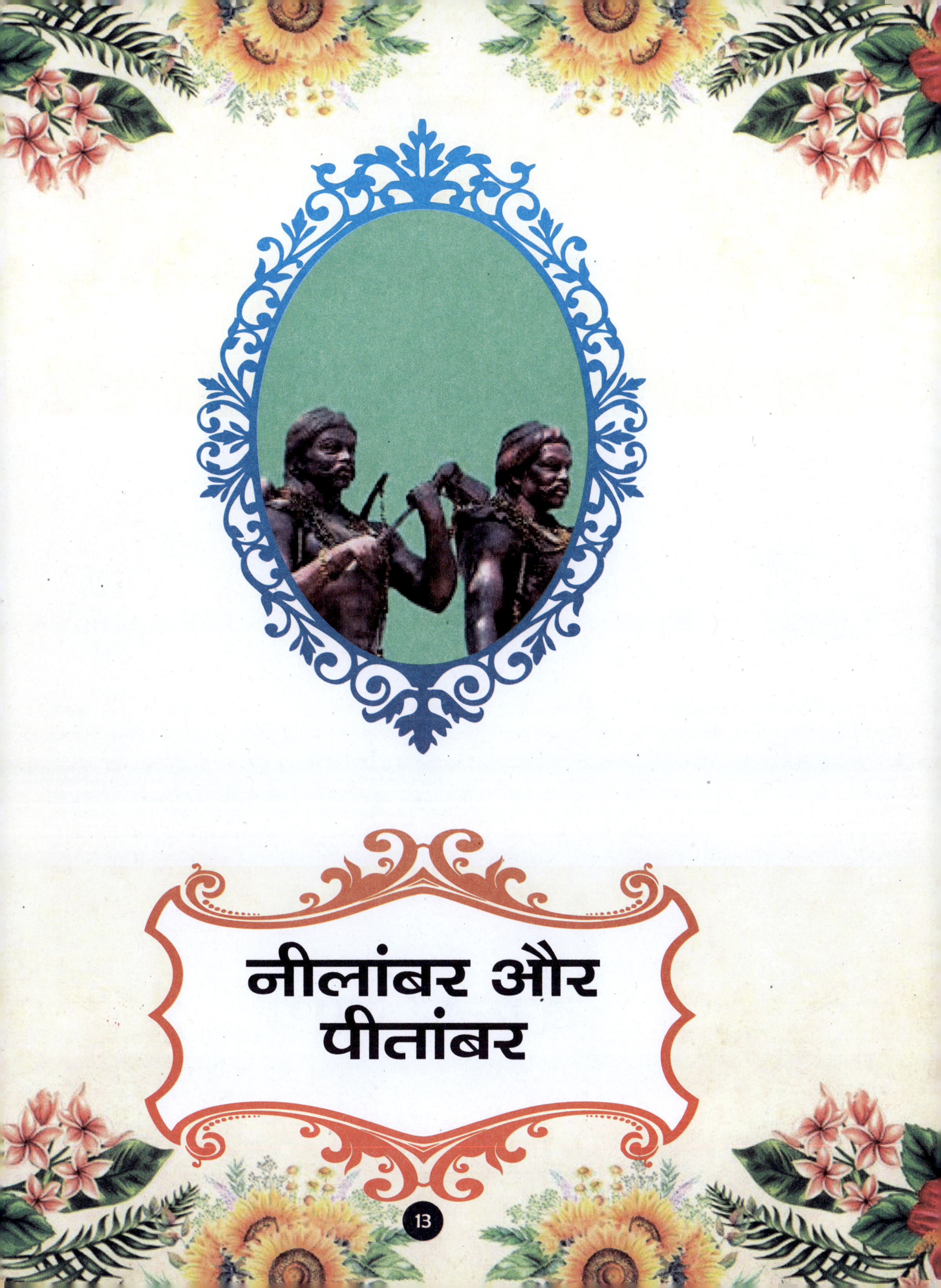

नीलांबर और पीतांबर

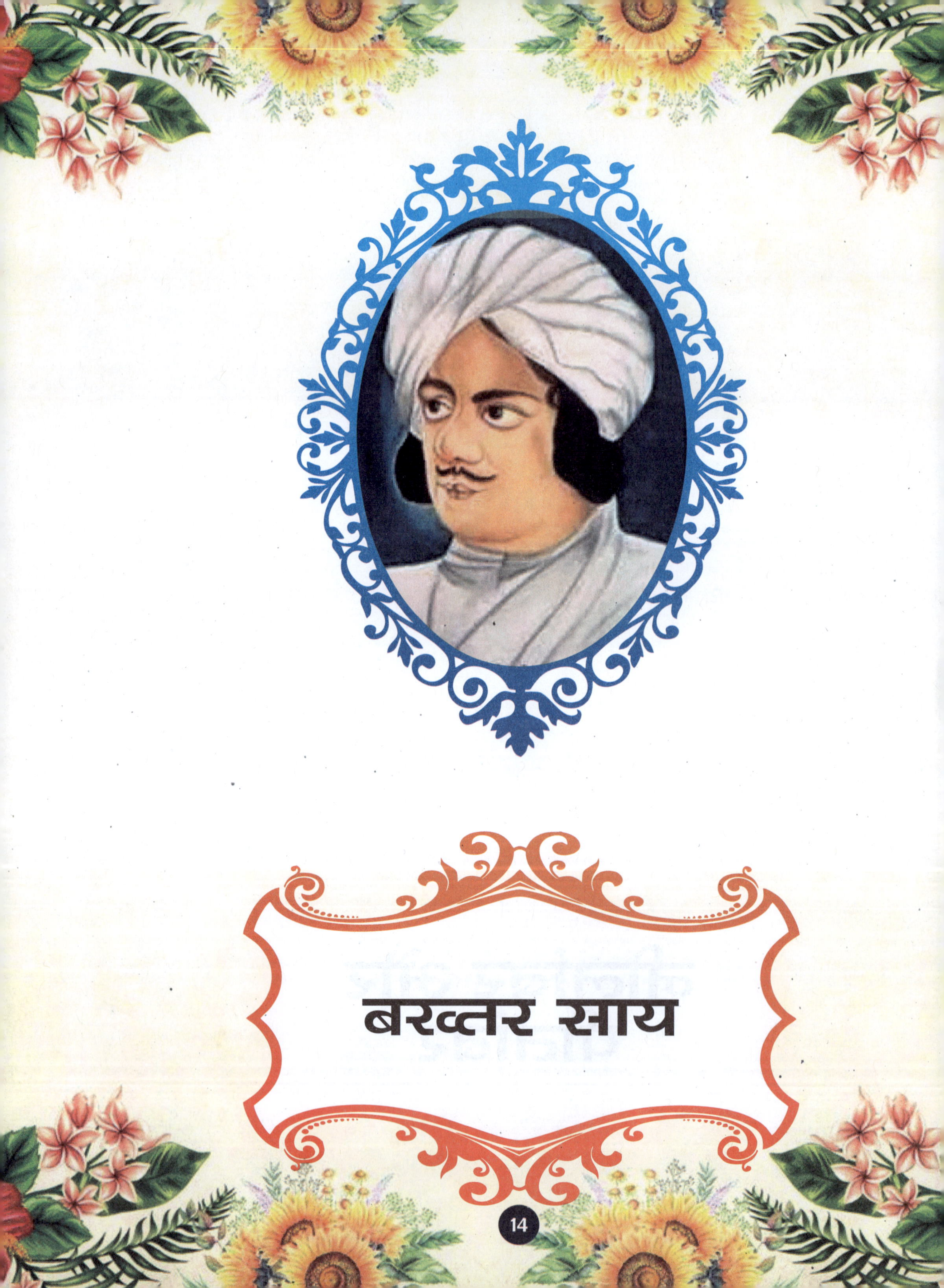

बख्तर साय

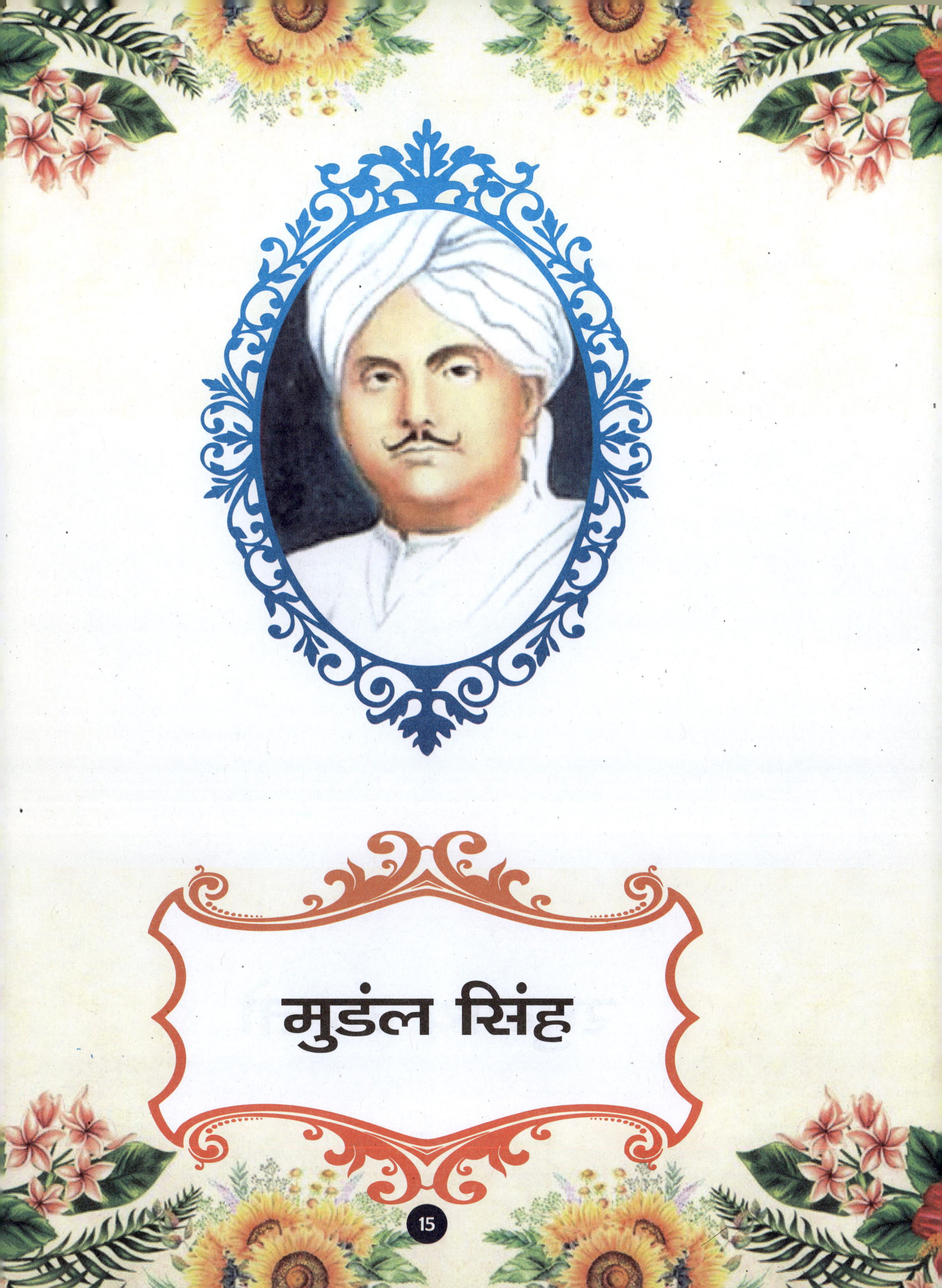
मुडंल सिंह

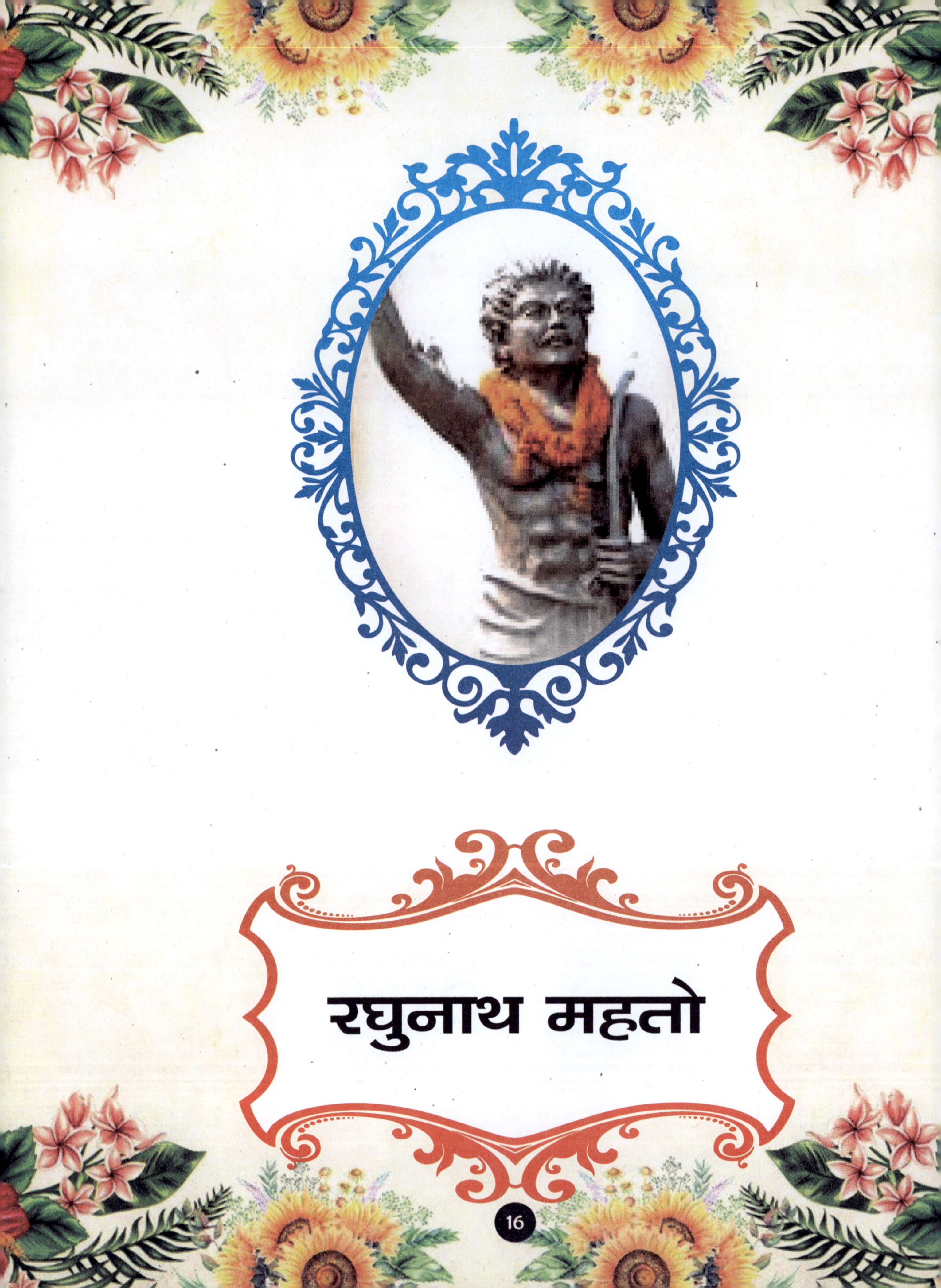

रघुनाथ महतो